세계 명작으로 시작하는

두 줄
글쓰기

서사원주니어

세계 명작이 읽고 싶어지는 마법

"선생님, 저희 아이는 책을 읽어도 무슨 이야기인지 잘 몰라요. 독해력을 어떻게 해야 기를 수 있을까요."

"선생님, 집에서 아이가 글쓰기에 재미를 붙일 수 있는, 쉽고 재미있는 방법 없을까요? 아이가 글쓰기를 싫어해요."

그동안 독서와 글쓰기 강의로 국내외 학부모님들을 만나면서 참 많이 들었던 질문이에요. 우리 아이들이 좋은 책을 읽으면서 독해력도 쑥쑥 기르고 생각하는 힘도 키울 수 있다면 얼마나 좋을까요? 이 책은 바로 그 질문에서 시작한 책입니다.

세상에는 수많은 책이 있습니다. 그 가운데에서도 세계적으로 많은 이에게 사랑받았을 뿐만 아니라 깊고 풍부한 생각할 거리를 던져 주는 좋은 책들이 있습니다. 우리가 흔히 세계 명작이라고 부르는 책들이지요.

세계 명작은 우리 인류의 역사와 함께 성장한 만큼 그 안에 인간에 대한 이해를 바탕으로 하는 특별한 힘이 담겨 있습니다. 바로 생각하는 힘입니다. 덕분에 명작들을 곁에 두고 읽으면 읽을수록 새로운 깨달음이 생겨나지요. 우리가 아이들에게 세계 명작을 읽혀야 하는 이유입니다.

이 책에서는 세계 명작 가운데에서도 아이들이 자라면서 꼭 읽어야 할 책들을 가려 뽑았습니다. 제가 어렸을 때 읽었고, 자녀들에게도 읽혔습니다. 교실에서 가르쳤던 학생들에게 꼭 읽게 했던 책들이기도 합니다. 모두 교직 경력 27년 차 교육자인 제가 대한민국 어린이들에게 자신 있게 소개하는 책들이랍니다.

세계 명작에는 인간의 영혼을 울리는 울림이 있고, 두고두고 곱씹어 볼 만한 훌륭한 문장이 많습니다. 이런 문장들을 내 것으로 만들 수만 있다면 더 바랄 게 없겠지요. 그렇다면 어떻게 해야 아이들이 이 위대한 작가들의 문장을 자신의 것으로 만들 수 있을까요. 부모와 아이가 함께 머리를 맞대어 이야기를 나누고, 재미있게 말놀이를 해 보고, 글로 써 보는 것, 그것이 답입니다. 그렇게 할 수만 있다면 아이들은 인류에게 선물처럼 남겨진 훌륭한 세계 명작들을 통으로 자신의 것으로 만들 수 있습니다.

  이 책에서는 그 방법으로 황금 문장 읽기, 황금 문장과 관련해서 질문하기, 따라 써 보기, 다섯 글자 쓰기, 열 글자 쓰기, 두 줄 쓰기 등을 단계별로 제시했습니다. 아이들이 글쓰기에 흥미를 갖고 글을 써 보게 하기 위한 가장 쉽고 재미있는 방법으로 책을 구성했습니다.

  특히 책에서 소개한 두 줄 쓰기는 논리적인 글을 쓰기 위한 가장 쉬운 글쓰기 지도 방법입니다. 외국에서는 아이들이 어릴 때부터 '나는 이렇게 생각해. 왜냐하면 ~ 하기 때문이야.'라고 말하도록 한다고 해요. 이런 말하기가 충분히 훈련된 아이는 논술도 잘 씁니다. 논리적인 글이란 결국 상대방을 글로 설득하는 것이기 때문입니다.

  이 책의 흥미로운 글쓰기 방법을 꾸준히 따라 하고 연습한다면 아이의 생각하는 힘도 쑥쑥 길러질 것입니다. 아이와 함께 다양하게 생각해 보고 이야기 나누고, 글로 써 보세요. 이 책에 소개된 세계 명작을 찾아서 읽는 아이, 그리고 부모님이 될 것입니다.

황금 문장이란?

여기 두 문장이 있습니다.

'네가 오후 네 시에 온다면 나는 세 시부터 행복할 거야.'

'널 만날 생각을 하면 기분이 좋아.'

어떤 문장이 더 나은 문장이라고 생각하나요? 일상적으로 우리가 흔히 쓰는 두 번째 문장이 더 익숙하고 편할지도 모릅니다. 그런데 참 희한하지요. 작가들은, 그 것도 위대하고 탁월한 작가들은 첫 번째 표현을 씁니다.

이런 문장들은 남들이 잘 생각해 내지 않는 표현이면서 동시에 읽는 이 누구나 곱 씹어 생각해 볼 만한 표현이지요. 참고로 첫 번째 문장은 생텍쥐페리의 〈어린 왕자〉에 나오는 문장입니다. 여우와 어린 왕자의 애틋한 관계를 상징적으로 보여 주는 문 장입니다. 이 문장을 만약 '널 만날 생각을 하니까, 되게 기분 좋다.'처럼 썼다면 느 낌이 또 달랐겠지요.

이렇듯 책의 주제를 함축적이면서 상징적으로 담고 있는 핵심이 되는 문장을 흔 히 '주제 문장', '핵심 문장'이라고 부릅니다. 오랜 시간 교실에서 아이들을 가르쳐 온 저는 이걸 아이들이 이해하기 쉽게 '황금 문장'이라고 부릅니다. 작가의 생각과 책의 주제를 담은 핵심적인 표현이면서 동시에 책의 주제를 담은 문장이지요.

많은 전문가가 아이들에게 이런 핵심이 되는 문장을 찾아보게 하는 것이 독해의 핵심이라고 입을 모읍니다. 독해는 주제를 이해하고 맥락에 맞게 받아들이는 능력을 말하기 때문입니다. 하지만 직접 아이들을 지도해 보신 분은 아시겠지만, 생각보다 이걸 어려워하는 아이가 많습니다. 핵심을 파악하고, 주제를 이해하는 게 그만큼 어렵다는 뜻이지요.

황금 문장을 찾고, 이 문장에 대해 충분히 이야기 나누어 보고, 다시 바꾸어서 내 표현으로, 내 문장으로 만들어 볼 수 있다면 그보다 더 나은 독해 지도가 없습니다. 작가가 무슨 의도로 이런 글을 썼을까 이해하는 것이야말로 독해의 시작이자 끝이니까요. 저 역시 MBC '공부가 머니?' 방송에 독서 전문가로 출연했을 때 독해력의 핵심을 황금 문장 찾기로 소개했지요.

다만, 우리가 이 책에서 다루는 세계 명작들은 한두 문장으로 황금 문장을 말하기엔 그 깊이가 매우 깊고 심오합니다. 어린이용으로 알고 있는 〈걸리버 여행기〉가 실제로는 성인을 대상으로 쓴 작품입니다. 이 책에서도 초등학생이 이해하기 쉽게 황금 문장들을 재구성하였고, 이를 글쓰기 질문으로 재구조화하는 과정에서도 학생들의 이해 수준을 고려하였습니다.

황금 문장, 어떻게 찾을까?

먼저 장면을 위주로 찾아보세요. 책에서 핵심이 되는 문장은 주로 중요한 장면에 나오는 경우가 많으니까요. 아이들이 좋아하는 판타지, 전래 동화, 세계 명작도 모두 마찬가지입니다. 이 원리를 명확하게 이해하면 황금 문장을 찾는 게 훨씬 더 쉽습니다.

작가들은 책을 어떻게 쓸까요. 대부분 책의 핵심이 될 주제를 먼저 잡고, 주제를 풀어 나갈 인물들을 설정합니다. 캐릭터를 만들고 나면 굵직한 줄거리를 구성합니다. 구성한 줄거리는 다시 중요 장면들로 나누고, 이걸 많은 문장으로 세세하게 풀어냅니다. 그렇게 한 편의 작품을 완성합니다.

저도 이런 방식으로 판타지 동화를 썼습니다. 〈천년손이 고민해결사무소〉 시리즈나 〈천년손이와 사자성어 신비탐험대〉 같은 시리즈를 쓸 때 저는 책의 핵심이자 주제를 먼저 정합니다. 그다음 주제를 담은 중요 장면을 설정하고 이 장면에 책의 핵심이 될 중요한 문장을 배치합니다.

눈치채셨겠지요? 책을 쓰는 과정을 거꾸로 되짚어가면 그게 바로 황금 문장을 찾는 독해가 되는 것입니다.

예를 들어 볼까요? 〈흥부 놀부〉는 전형적인 고전 판타지 동화입니다. 도깨비가 나오고, 금은보화가 들어 있는 박도 나옵니다. 전래 동화는 권선징악을 주제로 하기 때문에 나쁜 사람을 벌주고, 착한 사람은 반드시 상을 받아야 합니다. 주제는 명확하지만, 딱 떨어지는 황금 문장을 한번에 찾기란 어렵지요.

저는 교실에서 아이들을 지도할 때 책을 읽으면서 제일 재밌거나 슬펐거나 감동적이었거나 아쉬웠거나 하는 중요 장면들을 찾아보게 했습니다. 아이들은 〈흥부 놀부〉에서 흥부가 제비 다리를 고쳐 주는 장면, 놀부가 도깨비들한테 혼나는 장면, 박이 터지면서 금은보화가 쏟아지는 장면을 주로 찾더군요.

맞습니다. 그것이 바로 〈흥부 놀부〉에서 핵심이 되는 장면들입니다. 이 장면을 서술하는 문장이 핵심 문장이고, 다른 말로는 황금 문장입니다. 아이들이 〈흥부 놀부〉의 주요 장면에서 함께 고른 황금 문장은 '마음씨 좋은 흥부는 제비 다리를 고쳐 주었습니다.'와 '놀부 네 이놈, 심술을 부린 벌 좀 받아라!'였답니다.

이 책에서는 어린이 수준에서 충분히 생각해 보고 이야기 나눌 거리가 있는 문장을 황금 문장으로 소개했습니다. 이유는 어려운 세계 명작이 어린이 곁으로 좀 더 쉽고 가까이 다가갈 수 있으면서 동시에 친근한 글감으로 변형되어 다양하게 곱씹어져야 하기 때문입니다. 정리하건대, 장면, 문장들, 한 문장의 순서로 좁혀가면 황금 문장을 활용한 독해 지도가 한결 쉬워질 것입니다.

이 책의 구성

1 소리 내어 읽기

제목과 작가, 세계 명작 속
황금 문장을 소리 내어 읽어요.

01
어린 왕자

샌텍쥐페리

"길들인다는 게 뭐지?"
"너는 나에게 이 세상에 하나뿐인 존재가 되는 거고,
나도 너에게 세상에 하나뿐인 유일한 존재가 되는 거야."

어린 왕자는 작은 별에서 유일한 친구였던 장미꽃과 헤어져 모험을 떠납니다.
외롭고 슬픈 마음일 때 여우를 만나게 되지요.
어린 왕자는 '길들인다'는 게 무엇인지 궁금했고, 여우는 지혜로운 답을 내놓아요.
우린 길들인다는 말을 어떨 때 쓰나요?

12

2 도움말 읽기

위의 황금 문장은 어떤 맥락에서 나온 말일까요?
어떤 의미를 담고 있으며, 나는 무엇을 생각해 보면 좋을까요?
선생님의 다정한 도움말을 읽어 보세요.

3 날짜 쓰기 •

오늘의 날짜를 써요.

월   일

📝 **따라 쓰기** 작품 속 황금 문장이나 표현을 따라 써 보세요. •

길들인다는 게 뭐지?

[   ]

📝 **다섯 글자 쓰기** 내게 소중한 존재에게 말해 보세요. •

> 다섯 글자, 열 글자는
> 글자 수의 기준일 뿐이며
> 꼭 맞지는 않아도 됩니다.

보기   엄마 최고야.   아빠 사랑해.   우리 꼬미 짱!

[   ]

📝 **열 글자 쓰기** 위에서 말한 존재가 내게 어떻게 해 주나요? •

보기   엄마는 나를 사랑해 준다.   아빠는 나한테 다정하다.

[   ]

📝 **두 줄 쓰기** 위의 존재가 내게 어떻게 해 주는지, 왜 그렇게 생각하는지 말해 보세요.

보기   엄마는 나를 사랑해 준다.
        잘 때마다 뽀뽀해 주는 걸 보면 분명하다.

[   ]

13

---

4 따라 쓰기

작품 속 황금 문장이나 표현을 따라 써요.
때로는 어린이 수준에 맞는 감각적인
표현으로 바꾸었으니, 작품 속으로
쉽고 친근하게 들어갈 수 있습니다.

5 다섯 글자 쓰기

황금 문장을 통해 이끌어 낼 수 있는
나의 생각을 다섯 글자로 표현해 보세요.
질문의 답을 잘 생각해 보면 쉽게 쓸 수
있어요.

6 열 글자 쓰기

이번에는 좀 더 구체적으로 생각을
펼쳐 열 글자로 써 보세요.
글자 수에 얽매이기보다는 위의 짧은
글에 살을 붙인다는 마음으로 쓰면
됩니다.

7 두 줄 쓰기

이제 두 줄로 쓰는 건 더 쉽지요.
내 생각을 쓰고, 그 까닭을 쓰면
두 줄 쓰기도 뚝딱 완성됩니다.
내 생각을 쓰고, 더 자세한 설명을
덧붙여도 되지요.

차 례

01

어린 왕자

생텍쥐페리

"길들인다는 게 뭐지?"

"너는 나에게 이 세상에 하나뿐인 존재가 되는 거고,

나도 너에게 세상에 하나뿐인 유일한 존재가 되는 거야."

어린 왕자는 작은 별에서 유일한 친구였던 장미꽃과 헤어져 모험을 떠납니다.

외롭고 슬픈 마음일 때 여우를 만나게 되지요.

어린 왕자는 '길들인다'는 게 무엇인지 궁금했고, 여우는 지혜로운 답을 내놓아요.

우린 길들인다는 말을 어떨 때 쓰나요?

따라 쓰기 작품 속 황금 문장이나 표현을 따라 써 보세요.

길들인다는 게 뭐지?

 다섯 글자 쓰기 내게 소중한 존재에게 말해 보세요.

> 다섯 글자, 열 글자는
> 글자 수의 기준일 뿐이며
> 꼭 맞지는 않아도 됩니다.

보기   엄마 최고야.   아빠 사랑해.   우리 꼬미 짱!

 열 글자 쓰기 위에서 말한 존재가 내게 어떻게 해 주나요?

보기   엄마는 나를 사랑해 준다.   아빠는 나한테 다정하다.

두 줄 쓰기 위의 존재가 내게 어떻게 해 주는지, 왜 그렇게 생각하는지 말해 보세요.

보기   엄마는 나를 사랑해 준다.
       잘 때마다 뽀뽀해 주는 걸 보면 분명하다.

02

파랑새

모리스 마테를링크

세상에는 사람들이 생각하는 것보다
훨씬 많은 소박한 행복들이 있어요.
하지만 대부분의 사람들은 그런 행복을 알아보지 못해요.

틸틸과 미틸 남매는 파랑새를 찾기 위해서 온 세상을 여행해요.
하지만 파랑새는 먼 곳에 있는 것이 아니라 바로 집에 있었어요.
남매가 삶 속에 있는 소박한 행복을 알아보지 못한 거예요.
어린이 여러분의 가장 가까이에 있는 행복이라면 어떤 것이 있을까요?

따라 쓰기 작품 속 황금 문장이나 표현을 따라 써 보세요.

소박한 행복

다섯 글자 쓰기 나를 행복하게 하는 건 누구인가요?

보기 엄마와 아빠 우리 강아지 내 단짝 친구

열 글자 쓰기 나는 언제 행복해지는지 문장으로 써 보세요.

보기 엄마랑 있을 때 행복해요. 가족 여행을 가면 좋아요.

두 줄 쓰기 나는 언제 행복한지, 왜 행복한지 써 보세요.

보기 나는 엄마랑 집에 있을 때 가장 행복해요.
엄마가 나를 따뜻하게 안아 주기 때문이에요.

03

욕심쟁이 거인

오스카 와일드

거인은 정원 둘레에 높은 담을 쌓았어요.
그리고는 이렇게 써 붙였지요.
"누구든 정원에 들어오면 큰 벌을 받게 하겠음."

누구든 정원에 들어오면 큰 벌을 받게 하겠음.

욕심 많은 거인은 멋지고 아름다운 정원을 혼자만 보려고 아이들을 내쫓습니다.
혼자 남은 거인은 너무나 외로워서 결국 정원의 문을 열고 아이들을 받아들이지요.
그러자 거인은 더 아름답고 멋진 정원을 갖게 돼요. 모두가 함께 누리는
아름다운 정원 말이에요. 여러분도 이 거인처럼 욕심을 부렸던 적이 있나요?

✎ **따라 쓰기** 작품 속 황금 문장이나 표현을 따라 써 보세요.

욕심쟁이 거인

> (빈 칸)

✎ **다섯 글자 쓰기** 내가 특히 욕심 부리는 것은 무엇인가요?

보기   핸드폰 게임   아이스크림   맛있는 간식

> (빈 칸)

✎ **열 글자 쓰기** 내가 원하는 것을 부모님께 말해 보세요.

보기   나 이거 다 먹으면 안 돼요?   게임 한 시간 하고 싶어요.

> (빈 칸)

✎ **두 줄 쓰기** 내가 욕심을 부려 일어났던 일을 써 보세요.

보기   간식을 혼자 먹으려고 형에게 거짓말을 했다.
       형이 나중에 내가 혼자 간식 먹은 걸 알고 화를 냈다.

> (빈 칸)

04
크리스마스 선물

오 헨리

아내는 선물을 뜯자마자 눈물이 터져 나왔습니다.

남편이 준 선물 상자에 들어 있는 것은 아름다운 빗이었습니다.

하지만 아내는 남편의 크리스마스 선물로 시곗줄을 사기 위해

머리카락을 잘라서 팔았거든요.

가난하지만 서로를 아끼고 사랑하는 부부 짐과 델라는

크리스마스 선물을 사기 위해 각자 가장 아끼던 것을 팔아야 했습니다.

바로 짐에겐 시계, 델라에겐 기다랗고 탐스러운 머리카락이었지요.

여러분이 가장 받고 싶은 크리스마스 선물은 무엇인가요?

📝 **따라 쓰기** 작품 속 황금 문장이나 표현을 따라 써 보세요.

크리스마스 선물

📝 **다섯 글자 쓰기** 내가 받고 싶은 크리스마스 선물은 무엇인가요?

보기　　재미있는 책　　예쁜 강아지　　캐릭터 카드

📝 **열 글자 쓰기** 위의 선물에 대해 문장으로 써 보세요.

보기　　읽고 있던 시리즈예요.　　귀엽고 예쁜 푸들이에요.

📝 **두 줄 쓰기** 받고 싶은 선물이 무엇인지, 왜 받고 싶은지 써 보세요.

보기　　재미있는 동화책 시리즈를 선물로 받고 싶어요.
　　집에 있는 책은 다 읽었거든요.

05

아서왕 이야기

토머스 맬러리

아서는 검이 꽂혀 있는 바위로 가서 검을 뽑아 올렸다.
전설의 명검 엑스칼리버가 아서의 손에 들어간 것이었다.

엑스칼리버는 강철도 자를 수 있고 칼집은 주인의 출혈을 막아 주는
전설의 명검입니다. 왕이 될 사람만이 바위에 꽂혀 있는 엑스칼리버를
뽑을 수 있는데, 바로 그가 아서였던 겁니다.
여러분도 아서왕의 엑스칼리버처럼 꼭 갖고 싶은 신비로운 물건이 있나요?

따라 쓰기 작품 속 황금 문장이나 표현을 따라 써 보세요.

전설의 명검 엑스칼리버

 다섯 글자 쓰기 내가 갖고 싶은 신비한 물건은 무엇인가요?

보기   요술 램프   투명 망토   마술 지팡이

 열 글자 쓰기 위의 신비한 물건에 대해 써 보세요.

보기   소원을 들어주는 요술 램프   나를 숨겨 주는 투명 망토

 두 줄 쓰기 내가 꼭 갖고 싶은 신비한 물건이 무엇인지, 왜 갖고 싶은지 써 보세요.

보기   요술 램프가 있으면 좋겠어요.
램프를 문질러 소원을 빌 수 있기 때문이에요.

06
삼총사

알렉상드르 뒤마

모두는 하나를 위해, 하나는 모두를 위해!

시골뜨기 다르타냥은 아라미스, 아토스, 포르토스 삼총사를 만나요.
다르타냥과 삼총사는 리슐리외 추기경이 이끄는 친위대와 사사건건 부딪치면서
온갖 어려운 사건을 해결하고, 왕비도 극적으로 구하게 되지요.
여러분도 삼총사라고 불릴 만한 친구가 있나요?

✎ **따라 쓰기** 작품 속 황금 문장이나 표현을 따라 써 보세요.

하나는 모두를 위해!

✎ **다섯 글자 쓰기** 나와 가장 친한 친구는 누구인가요?

보기 멋쟁이 지수   귀여운 세아   재미있는 은우

✎ **열 글자 쓰기** 위의 친구를 소개해 보세요.

보기 지수는 옷을 잘 입고 멋져요.   세아는 귀엽고 잘 웃어요.

✎ **두 줄 쓰기** 나와 친한 친구 두 명에 대해 말해 보세요.

보기 멋쟁이 지수는 운동도 잘하고, 귀여운 은우는 쾌활하다.
나와 지수, 은우는 삼총사처럼 친하다.

07

정글 북

러디어드 키플링

난 인간 같은 거 안 무서워.
호랑이 따위도 안 무섭구.

모글리는 호랑이에게 쫓겨 달아나다가 우연히 늑대 가족에게 보호를 받게 되고,
그 이후 정글에서 쭉 자라게 됩니다. 모글리는 늑대 가족과 함께 자연에서
자라면서 동물들과 어울려 정글에서 살아가는 방법을 배웁니다.
여러분이 모글리와 같은 상황이었으면 어땠을까 상상해 볼까요?

따라 쓰기 작품 속 황금 문장이나 표현을 따라 써 보세요.

호랑이는 무섭지 않아.

다섯 글자 쓰기 내가 좋아하는 동물은 무엇인가요?

보기   귀여운 토끼   눈이 큰 사슴   통통한 판다

열 글자 쓰기 위의 동물에 대해 소개해 주세요.

보기   토끼는 먹을 때 귀여워요.   사슴은 눈이 크고 예뻐요.

두 줄 쓰기 내가 좋아하는 동물이 무엇인지, 왜 좋아하는지 써 보세요.

보기   나는 귀여운 토끼를 좋아한다.
토끼는 먹는 것도 귀엽고, 뛰는 것도 사랑스럽기 때문이다.

08

지킬 박사와 하이드

로버트 루이스 스티븐슨

인간에겐 두 개의 마음이 있어.
착한 마음과 나쁜 마음이지.

지혜롭고 평범해 보이는 지킬 박사에게 하이드라는 존재가
숨어 있습니다. 하이드는 지킬 박사의 마음속에 있는 악한 모습이지요.
우리 마음에는 나쁜 짓을 저지르는 악한 모습도 있고, 사람들을 도와주고
어려운 일을 함께하려는 착한 모습도 있다는 걸 이야기하고 있답니다.

✎ **따라 쓰기** 작품 속 황금 문장이나 표현을 따라 써 보세요.

착한 마음과 나쁜 마음

✎ **다섯 글자 쓰기** 내가 했던 나쁜 일에 무엇이 있었나요?

보기   몰래 먹은 것   친구와 싸운 것   숙제 안 한 것

✎ **열 글자 쓰기** 위의 일을 좀 더 자세히 말해 보세요.

보기   몰래 불량 식품을 먹었어요.   친구와 싸워서 속상했어요.

✎ **두 줄 쓰기** 위의 일이 나쁜 일이라고 생각했던 이유를 글로 나타내 보세요.

보기   엄마 몰래 불량 식품을 먹었는데, 나쁜 일 같아요.
엄마가 알면 화낼까 봐, 안 먹었다고 거짓말한 것도 옳지 않았어요.

09

피노키오

카를로 콜로디

별에게 소원을 빌 때는 네가 누구든 상관없어.
마음으로 간절히 바라는 건 뭐든 이뤄질 거야.

나무 인형 피노키오에게 요정이 마법을 부려, 말도 하고 생각도 할 수 있게 해 주었어요.
하지만 피노키오는 말썽만 부리고 온갖 힘든 일을 겪게 되지요.
위의 말은 요정이 피노키오에게 해 준 말이에요.
피노키오가 간절히 바라는 것은 온전한 사람이 되는 것이었지요.

📝 **따라 쓰기** 작품 속 황금 문장이나 표현을 따라 써 보세요.

간절히 바라는 건 이루어져.

📝 **다섯 글자 쓰기** 내 소원은 무엇인가요?

보기   강아지 입양   날마다 휴일   세계 여행

📝 **열 글자 쓰기** 내 소원을 문장으로 말해 보세요.

보기   강아지를 키우고 싶어요.   매일 휴일이면 좋겠어요.

📝 **두 줄 쓰기** 내 소원은 무엇인지, 왜 그 소원을 갖게 되었는지 말해 보세요.

보기   내 소원은 강아지를 키우는 거예요.
      강아지는 귀엽고 함께 있으면 행복할 것 같아요.

10
알프스 소녀 하이디

요한나 슈피리

"하이디, 정말 멋진 선물이야.
하지만 무엇보다 기쁘고 행복한 건 네가 알프스로 돌아왔다는 거란다."
앞 못 보는 할머니는 눈물을 뚝뚝 흘렸습니다.

하이디는 스위스의 아름다운 알프스 산골에서 할아버지, 친구 페터,
앞 못 보지만 지혜로운 페터의 할머니와 함께 지내요.
하이디가 성장하자 독일의 한 가정에 맡겨지는데, 고향이 너무나 그리워 병에 걸리고
결국 알프스로 돌아오게 되지요. 페터의 할머니는 위와 같이 말하며 하이디를 맞이해요.

✍ **따라 쓰기** 작품 속 황금 문장이나 표현을 따라 써 보세요.

네가 돌아와서 기뻐.

✍ **다섯 글자 쓰기** 멀리 여행 갔다가 집에 돌아와서 했던 말을 써 보세요.

보기 와, 집에 왔다! 우리 집 최고! 아, 피곤하다.

✍ **열 글자 쓰기** 위의 기분을 좀 더 자세히 써 보세요.

보기 드디어 집에 왔다! 좋아라. 여행도 좋고 집도 좋아요.

✍ **두 줄 쓰기** 언제 어디에 며칠 동안 다녀왔는지, 그때 기분이 어땠는지 써 보세요.

보기 추석 때 할아버지 집에 갔다가 삼일 만에 집에 왔다.
그때 집에 와서 너무 좋고 기쁜 마음이 들었다.

11

빨간 머리 앤

루시 모드 몽고메리

"제가 사내아이였다면 아저씨 일을 더 많이 도와드렸겠죠?"

"무슨 소리냐. 난 열두 살 먹은 사내아이보다 네가 더 좋았어.
게다가 에이버리 장학금을 받은 사람은 남자가 아니라 바로 여자잖니.
내 딸, 자랑스러운 내 딸이지."

유쾌하고 씩씩한 빨간 머리 앤은 상상력이 풍부하고 호기심도 많은 친구예요.
고아인 앤이 입양 과정에서 실수로 남자아이를 원하는 집에 가게 되지만
여자여서, 바로 내 딸이어서 자랑스럽다고 말해 주는 매튜 아저씨 덕분에 행복합니다.
여러분도 부모님께 자랑스러운 딸, 아들이라는 말을 들은 적이 있나요?

✍️ **따라 쓰기** 작품 속 황금 문장이나 표현을 따라 써 보세요.

자랑스러운 내 딸, 내 아들

✍️ **다섯 글자 쓰기** 부모님께 자랑스럽다는 말을 언제 들었나요?(들을 것 같나요?)

보기   시험 잘 봤을 때   밥 잘 먹어서   매일 아침에

✍️ **열 글자 쓰기** 부모님께 자랑스럽다는 말을 들으면 나는 어떤 마음이 들까요?

보기   뿌듯하고 행복해져요.   앞으로도 잘하고 싶어요.

✍️ **두 줄 쓰기** 부모님이 나를 자랑스러워 할 때가 언제였는지, 왜 그렇게 생각하는지 써 보세요.

보기   내가 수학 시험 100점 맞았을 때입니다.
엄마가 잘했다고 칭찬하며 꼭 안아 주셔서 알 수 있었어요.

12
소공녀

프랜시스 호지슨 버넷

"좋은 소식이 있단다.
세라, 다이아몬드 광산이 잘 되기 시작했어. 광산의 반은 네 것이란다."
세라는 다시 부자가 된 것이었습니다.

부유하게 살던 세라는 어머니를 여의고 하녀처럼 일하면서 어렵게 지냈어요.
자신도 가난하지만 자기보다 형편이 어려운 아이를 도우면서
천사처럼 살아가던 세라는 커다란 보답을 받은 듯, 다시 부자가 되었지요.
여러분도 누군가를 도와준 적이 있나요?

📝 **따라 쓰기** 작품 속 황금 문장이나 표현을 따라 써 보세요.

세라는 다시 부자가 됐다.

📝 **다섯 글자 쓰기** 내가 도와준 사람은 누가 있나요?

| 보기 | 친구 지민이   우리 부모님   옆집 할머니 |

📝 **열 글자 쓰기** 나는 위의 사람을 언제 도와주었나요?

| 보기 | 지민이가 보건실 갔을 때   엄마가 어깨 아팠을 때 |

📝 **두 줄 쓰기** 내가 위의 사람을 언제, 어떤 이유로 도와주었나요?

| 보기 | 지민이가 보건실 갈 때 함께 가 주었다.
지민이가 많이 아파서 혼자 가기 힘들 것 같았기 때문이다. |

13

작은 아씨들

루이자 메이 올콧

"너희들은 앞으로도 계속해서 성장해 나갈 거야.
괴롭고 힘든 일도 있겠지만, 하나씩 이겨 내려고 노력하면 돼."
어머니의 말을 들은 네 자매는 비로소 밝게 웃었습니다.

자상하고 친절한 첫째 매기, 활발하고 씩씩한 둘째 조, 수줍음 많은 셋째 베스,
귀엽고 사랑스러운 막내 에이미. 이렇게 네 자매는 가난하지만 꿋꿋하게
어머니를 도우면서 함께 성장해 나갑니다.
여러분도 소중한 남매나 형제, 또는 자매가 있나요?

✍ **따라 쓰기** 작품 속 황금 문장이나 표현을 따라 써 보세요.

괴롭고 힘든 일도 함께 이겨 내자.

✍ **다섯 글자 쓰기** 나의 형제자매에는 누가 있나요?

보기   언니 한 명   형이랑 동생   저 혼자예요.

✍ **열 글자 쓰기** 나의 형제자매에 대해 소개해 주세요.

보기   언니는 나보다 두 살 많다.   나는 오빠나 동생이 없어.

✍ **두 줄 쓰기** 내 형제자매에 대해 좀 더 자세히 소개해 주세요.

보기   우리 언니는 나보다 두 살 많고 친절해요.
어려운 건 다 설명해 주고, 힘든 건 언제나 도와줘요.

14

이상한 나라의 앨리스

루이스 캐롤

탁자에는 '나를 마셔요.'라는 딱지가 붙은 작은 병이 있었습니다.

앨리스는 코를 킁킁거리면서 냄새를 맡아 보았습니다.

"혹시라도 독이 들어 있진 않은지 조심해야 돼."

앨리스는 마법의 음료를 꿀꺽꿀꺽 마시고는 몸이 조그맣게 줄어들었어요.

신기하고도 이상한 모험이 시작된 것이지요.

여러분 앞에 '나를 마셔요.'라고 쓰여진 작은 병이 있다면,

이 신비한 음료는 어떤 마법을 부릴까요?

✏️ **따라 쓰기** 작품 속 황금 문장이나 표현을 따라 써 보세요.

마법의 물약을 마셔요.

✏️ **다섯 글자 쓰기** 내가 부리고 싶은 마법을 외쳐 보세요.

보기   사라져라, 얍!   나와라, 분신!   나 대신 숙제!

✏️ **열 글자 쓰기** 위의 마법으로 되고 싶은 것을 말해 주세요.

보기   투명 인간이 되고 싶어요.   나랑 똑같은 분신 만들기

✏️ **두 줄 쓰기** 나는 마법으로 무엇이 되고 싶은지, 왜 그렇게 되고 싶은지 써 보세요.

보기   나는 투명 인간이 되고 싶습니다.
        투명 인간이 되어서 친구에게 장난치면 재미있을 것 같아요.

15

왕자와 거지

마크 트웨인

"마치 내가 왕자가 된 기분이야.

이게 꿈은 아니겠지?"

톰은 거울 앞에서 왕자 흉내를 내면서 걸어 보기도 하고,

칼을 뽑아 보기도 했습니다.

에드워드 왕자와 똑 닮은 거지 톰은 서로 바꾸어서 살아 보기로 해요.

하루아침에 왕자가 된 거지 톰은 과연 궁궐에서 잘 지낼 수 있을까요?

반대로 거지가 된 왕자 에드워드는 거지의 삶을 잘 살아갈 수 있을까요?

여러분은 꼭 한번 되어 보고 싶은 사람이 있나요?

따라 쓰기 작품 속 황금 문장이나 표현을 따라 써 보세요.

왕자가 된 것 같아.

다섯 글자 쓰기 나는 어떤 사람과 나를 바꿔 보고 싶은가요?

> 보기   돈 많은 부자   이집트 공주   BTS 지민

열 글자 쓰기 위의 말을 문장으로 말해 주세요.

> 보기   부자가 되면 좋겠습니다.   예쁜 공주가 되어 볼래요.

두 줄 쓰기 나는 어떤 사람이 되고 싶은지, 왜 그렇게 되고 싶은지 써 보세요.

> 보기   돈이 아주 많은 부자가 되고 싶어요.
> 원하는 건 뭐든지 다 살 수 있기 때문이에요.

16

비밀의 화원

프랜시스 호지슨 버넷

이 화원을 비밀로 하면 꽃이나 풀이 자라는 모습을
우리 둘이서만 몰래 볼 수 있어. 우리 둘만의 비밀이야.
비밀을 지킨다면 얼마나 멋진 일이 생길지 모르겠니?

문이 잠긴 방이 100개나 있고, 어디에선가 울음 소리가 들려오고,
10년 동안 한 번도 열린 적 없는 비밀의 화원, 그 모든 걸 품고 있는 저택.
주인공 메리는 비밀의 화원에서 디콘이라는 남자아이를 만나게 됩니다.
두 아이가 비밀을 지켜 갈 수 있을까요?

✎ **따라 쓰기** 작품 속 황금 문장이나 표현을 따라 써 보세요.

우리 둘만의 비밀이야.

> ....

✎ **다섯 글자 쓰기** 나의 비밀 장소는 어디인가요?

보기   내 침대 아래   놀이터 뒤쪽   베란다 창고

> ....

✎ **열 글자 쓰기** 그곳이 왜 비밀 장소인가요?

보기   침대 밑에 보물이 있거든.   놀이터 뒤는 아무도 몰라.

> ....

✎ **두 줄 쓰기** 나의 비밀 장소를 공개하고, 왜 비밀 장소가 되었는지 써 보세요.

보기   침대 밑은 나만의 비밀 장소예요.
       내 보물을 아무도 모르게 침대 밑에 숨겨 놨거든요.

> ....

> ....

17
로빈슨 크루소

대니얼 디포

"무인도여, 안녕. 로빈슨 크루소의 섬이여, 안녕."
로빈슨 크루소는 손을 흔들었습니다.

로빈슨 크루소는 무인도에 표류하게 되면서 온갖 고난과 어려움을 겪어요.

28년이나 홀로 살다가 마침내 기적적으로 구출되지요.

여러분이 무인도에 갇힌다면 무엇을 가져가고 싶은가요?

사람 한 명 없는 무인도에서 살아남기 위해 꼭 필요한 것이라면 무엇이 있을까요?

✍️ **따라 쓰기** 작품 속 황금 문장이나 표현을 따라 써 보세요.

무인도여, 안녕.

✍️ **다섯 글자 쓰기** 무인도에 딱 2개만 가져갈 수 있다면 무엇을 가져갈까요?

보기 물, 라이터   컵라면, 햇반   핸드폰, 담요

✍️ **열 글자 쓰기** 위의 내용을 문장으로 써 보세요.

보기 물과 불이 꼭 필요해요.   먹을 것을 가져갈 거예요.

✍️ **두 줄 쓰기** 무인도에 무엇을 가져갈 건지, 왜 그것을 가져갈 건지 써 보세요.

보기 무인도에 물과 라이터를 가져갈 거예요.
물과 불만 있으면 나머지는 구해서 요리해 먹을 수 있으니까요.

18
해저 2만 리

쥘 베른

네모 선장이 바닥에서 흰 돌멩이를 집어 들고,
바위에 '아틀란티스'라고 썼습니다. 우아, 아틀란티스다!
이곳이 정말 아틀란티스일까요?

네모 선장과 선원들은 잠수함 '노틸러스 호'를 타고 바닷속 세상을 탐험해요.
이 작품이 쓰여질 때만 해도 바닷속은 우리가 한 번도 경험해 본 적 없는 미지의 세계였어요.
세계 곳곳을 누비면서 항해하던 노틸러스 호는 신비로운 고대 도시 아틀란티스도 탐험하지요.
여러분도 꼭 가 보고 싶은 신비로운 곳이 있나요?

따라 쓰기 작품 속 황금 문장이나 표현을 따라 써 보세요.

우아, 아틀란티스다!

다섯 글자 쓰기 내가 꼭 가 보고 싶은 곳은 어디인가요?

보기   바닷속 세상   머나먼 우주   엄마 마음속

열 글자 쓰기 위의 내용을 문장으로 말해 주세요.

보기   바닷속을 여행하고 싶어요.   우주 탐험을 하고 싶어요.

두 줄 쓰기 내가 꼭 가 보고 싶은 곳이 어디인지, 왜 가고 싶은지 써 보세요.

보기   잠수함을 타고 바닷속을 여행하고 싶어요.
바닷속에 사는 신비한 동물들을 보고 싶어서입니다.

47

19

크리스마스 캐럴

찰스 디킨스

스크루지는 이 세상 모든 것이
행복으로 다가올 수 있다는 사실을 깨달았다.

인색한 구두쇠 스크루지에게도 크리스마스는 찾아왔어요.
크리스마스에 스크루지는 세 악령과 함께 차마 보기 힘든 자신의 과거, 현재,
미래의 모습을 만나게 되지요. 이 일로 그는 자신의 삶을 반성하고 깨달아
새로운 삶을 살게 됩니다. 여러분의 과거와 현재, 미래는 어떤 모습일까요?

📝 **따라 쓰기** 작품 속 황금 문장이나 표현을 따라 써 보세요.

행복으로 다가옵니다.

📝 **다섯 글자 쓰기** 나의 어릴 때 모습은 어떠했나요?

`보기` 귀여운 아기   키 작은 꼬마   장난꾸러기

📝 **열 글자 쓰기** 나의 미래 모습은 어떠할까요?

`보기` 아이돌로 유명해질 거예요.   의사 선생님이 될 거예요.

📝 **두 줄 쓰기** 나의 과거와 미래 모습에 대해 글로 나타내 보세요.

`보기` 어릴 때 나는 통통하고 귀여운 아기였어요.
미래의 나는 아이돌이 돼서 유명해질 것입니다.

20

별

알퐁스 도데

"저게 뭐지?"

스테파네트 아가씨가 별똥별을 보면서 작은 소리로 물었습니다.

"천국으로 가는 영혼이에요, 아가씨."

목동인 내가 대답했습니다.

산에서 양을 치는 목동과 아름다운 아가씨 스테파네트가 우연히 밤을 함께
새게 되었어요. 스테파네트 아가씨는 흥미로운 별자리 이야기를 듣다가
목동의 어깨에 기대어 스르르 잠이 들지요.
여러분도 밤하늘 가득 수놓은 아름다운 별을 올려다본 적이 있나요?

📝 **따라 쓰기** 작품 속 황금 문장이나 표현을 따라 써 보세요.

천국으로 가는 영혼이에요.

___

📝 **다섯 글자 쓰기** 내가 요즘 가장 늦게 잠들었던 때는 언제인가요?

보기   지난 토요일   크리스마스   여행 갔을 때

___

📝 **열 글자 쓰기** 늦게 잤던 날, 무슨 일을 했는지 말해 주세요.

보기   늦게까지 게임을 했어요.   밖에 나가 별을 보았어요.

___

📝 **두 줄 쓰기** 위의 일을 좀 더 자세히 써 보세요.

보기   토요일에 아빠랑 늦게까지 게임을 했어요.
그래서 엄마한테 둘 다 똑같다고 혼났어요.

21

로미오와 줄리엣

윌리엄 셰익스피어

로미오, 그대는 왜 로미오인가요?
아버지의 이름을 거부하고 그대의 이름을 거부해요.
그럼 나도 더 이상 캐풀렛이 아니에요.

로미오와 줄리엣은 서로 원수인 집안의 아들과 딸이었어요.
둘은 사랑에 빠지지만, 양쪽 집안끼리 얼마나 미워하는지 잘 알고 있기 때문에
몹시도 괴로워하지요. 이름을 거부하고 집안을 버리고 싶은 마음이에요.
로미오와 줄리엣의 부모님들처럼 여러분도 싫어하는 사람이 혹시 있나요?

따라 쓰기 작품 속 황금 문장이나 표현을 따라 써 보세요.

그대는 왜 로미오인가요?

다섯 글자 쓰기 내가 싫어하는 사람이 있다면 누구인가요?

보기　우리 반 지수　　욕심꾸러기　　없습니다.

열 글자 쓰기 나는 위의 사람을 왜 싫어하게 되었나요?

보기　지수는 나를 자주 놀린다.　　욕심꾸러기는 자기만 알아요.

두 줄 쓰기 위의 사람에 대해 자세히 써 보세요.

보기　지수는 나를 자주 놀리고 귀찮게 한다.
그래서 지수랑 가까이하기 싫지만, 언젠가는 친해지고도 싶다.

22

햄릿

윌리엄 셰익스피어

사느냐 죽느냐, 그것이 문제로다!

햄릿은 아버지를 죽인 삼촌에 대한 복수심에 불타 수많은 날을 고민하면서
보냅니다. 얼마나 괴로웠으면 '사느냐 죽느냐, 그것이 문제로다!'처럼
심각한 말을 했을까요?
여러분의 가장 큰 고민은 무엇인가요?

따라 쓰기 작품 속 황금 문장이나 표현을 따라 써 보세요.

사느냐 죽느냐, 그것이 문제로다!

다섯 글자 쓰기 나의 고민은 무엇인가요?

보기 받아쓰기요.   시험 보는 것   지구 멸망

열 글자 쓰기 왜 그것이 고민인가요?

보기 받아쓰기는 정말 어렵다.   수학 시험 보는 게 싫어요.

두 줄 쓰기 나의 고민을 말하고 왜 그런지 써 보세요.

보기 받아쓰기는 요즘 최고의 고민이에요.
100점 맞고 싶은데, 꼭 헷갈리는 글자가 있기 때문입니다.

23

레 미제라블

빅토르 위고

사랑하거나 사랑했다는 것, 그것만으로도 충분해.

그 다음은 아무것도 바라지 말아야 해.

사랑은 하나의 완성이야.

불쌍한 장발장은 너무 배가 고파 빵 한 조각을 훔쳤어요. 그 일로 감옥에 갇히게 되었지요.

감옥에서 나와서도 자신을 도와주던 신부님의 은그릇을 훔칩니다.

그러다 이 모든 것을 용서한 신부님에게 감동받아 새 인생을 살게 됩니다.

어린 고아 코제트를 키우면서 참된 사랑을 알게 되지요.

📝 **따라 쓰기** 작품 속 황금 문장이나 표현을 따라 써 보세요.

사랑은 하나의 완성이야.

```
┌─────────────────────────────────────────────┐
│                                             │
│                                             │
└─────────────────────────────────────────────┘
```

📝 **다섯 글자 쓰기** 나는 무엇을 보거나 겪을 때 사랑 받는 것을 느끼나요?

보기   엄마의 뽀뽀   아빠의 선물   친구의 미소

```
┌─────────────────────────────────────────────┐
│                                             │
│                                             │
└─────────────────────────────────────────────┘
```

📝 **열 글자 쓰기** 위의 것으로 왜 사랑 받는 것을 느끼나요?

보기   엄마의 뽀뽀는 따뜻하다.   선물을 받으면 행복하다.

```
┌─────────────────────────────────────────────┐
│                                             │
│                                             │
└─────────────────────────────────────────────┘
```

📝 **두 줄 쓰기** 내가 어떤 일로 사랑 받는다고 느끼는지, 왜 그런지 써 보세요.

보기   엄마가 나에게 볼 뽀뽀를 해 주면 너무 기분이 좋아요. 마음이 따뜻해지고, 행복해지거든요.

```
┌─────────────────────────────────────────────┐
│                                             │
└─────────────────────────────────────────────┘
┌─────────────────────────────────────────────┐
│                                             │
└─────────────────────────────────────────────┘
```

24
셜록 홈즈

아서 코난 도일

자네는 보기만 하고 관찰은 하지 않는군.
그게 자네와 나의 가장 큰 차이점이지.

셜록 홈즈는 아무리 어렵고 복잡해 보이는 사건도 척척 해결해 내는 탐정이에요.
홈즈가 해결하지 못하는 사건은 없었어요. 그 비결은 바로 아주 세심한
관찰력입니다. 친구 왓슨에게 말한 것처럼 말이지요.
오늘부터 우리도 무심코 지나쳤던 것들을 자세히 관찰하는 습관을 가져 볼까요?

✏️ **따라 쓰기** 작품 속 황금 문장이나 표현을 따라 써 보세요.

자네는 관찰을 하지 않는군.

✏️ **다섯 글자 쓰기** 내 주변에 있지만, 그동안 관심을 두지 않은 것은 무엇인가요?

보기 필통, 지우개   아빠의 신발   공기와 물

✏️ **열 글자 쓰기** 위의 것을 관찰하고 써 보세요.

보기 내 필통은 좀 지저분하다.   아빠의 신발 끝이 뾰족하다.

✏️ **두 줄 쓰기** 위의 것을 좀 더 자세히 관찰하고 써 보세요.

보기 내 필통에는 연필 자국이 좀 있고, 지우개 가루도 조금 들어 있다.
나는 내 필통이 크기도 적당하고 예뻐서 좋다.

25

로빈 후드

영국 민담

때로 험악한 일이라도 우리가 입술에 입 맞추듯이
아름답게 대하면 결국엔 하나도 나쁜 일이 아니야.

로빈 후드는 나쁜 부자들의 보물을 훔쳐 가난한 백성들에게 나눠 준
의로운 도둑, 의적입니다. 로빈 후드는 멀리 있는 사람의 머리에 올려놓은 사과를
맞출 정도로 활을 잘 쏘았어요. 그는 힘들고 어려운 일도 마다하지 않았지요.
그 어떤 궂은 일도 기꺼운 마음으로 대하면 결국 나쁜 일이 아니라고 하면서요.

✍️ **따라 쓰기** 작품 속 황금 문장이나 표현을 따라 써 보세요.

하나도 나쁜 일이 아니야.

_____

✍️ **다섯 글자 쓰기** 내가 끝까지 잘 참고 해낸 일은 무엇인가요?

보기   수학 학습지   줄넘기 연습   아빠와 등산

_____

✍️ **열 글자 쓰기** 위의 일을 끝까지 잘 참고 해낸 뒤 어떤 기분이었나요?

보기   뿌듯하고 기분이 좋아요.   자신감이 많이 생겼어요.

_____

✍️ **두 줄 쓰기** 내가 끝까지 참고 잘 해낸 일이 무엇인지, 기분은 어땠는지 써 보세요.

보기   수학 학습지는 어려웠지만, 그래도 열심히 공부했어요.
      그랬더니, 어려운 문제도 잘 풀게 되었고, 자신감도 많이 생겼어요.

_____

_____

26

나의 라임 오렌지 나무

J.M. 바스콘셀로스

인생의 아름다움은 꽃과 같은 화려함이 아니라
강물에 뜬 나뭇잎과 같아. 작고 사소한 것이지.
사랑 없는 인생이란 얼마나 슬프고 안타까운가.

다섯 살 꼬마 제제는 조그만 라임 오렌지 나무를 한 그루 키우게 돼요.
아직 인생에 대해 알지 못하지만, 사랑하는 사람과 이별하는 아픔을 겪은 제제는
사랑 없는 인생이 얼마나 슬프고 괴로운 것인지 짐작할 수 있었지요.
여러분에게 가장 슬펐던 일은 어떤 것인가요?

따라 쓰기 작품 속 황금 문장이나 표현을 따라 써 보세요.

얼마나 슬픈가요.

다섯 글자 쓰기 나는 어떤 사람이나 상황을 보면 슬픈가요?

보기   아픈 할머니   배고픈 아이   다친 강아지

열 글자 쓰기 위의 상황과 감정을 문장으로 써 보세요.

보기   할머니가 아프면 슬퍼요.   배고픈 아이는 불쌍해요.

두 줄 쓰기 위의 상황과 감정을 두 문장으로 써 보세요.

보기   할머니가 아프면 너무 슬퍼요.
오래오래 우리랑 같이 건강하게 사셨으면 좋겠어요.

27
꽃들에게 희망을

트리나 폴러스

"나비란 네가 앞으로 될 그 무엇이란다.
그것은 아름다운 날개로 날아다니고, 또 하늘과 땅을 이어 준단다."
"어떻게 나비가 될 수 있나요?"

노랑 애벌레는 애벌레로만 사는 것이 진정한 삶이 아니라는 것을 깨닫고,
불안하기는 하지만 고치를 만들어 마침내 아름다운 나비로 다시 태어나요.
호랑 애벌레도 지금까지의 삶이 아무것도 아님을 느끼고, 노랑 나비의 도움으로
고치를 만들어 나비가 되지요. 둘 다 간절하게 바라는 나비가 된 것입니다.

✍️ **따라 쓰기** 작품 속 황금 문장이나 표현을 따라 써 보세요.

네가 앞으로 될 그 무엇

✍️ **다섯 글자 쓰기** 나는 어떤 사람이 되고 싶은가요?

보기   멋쟁이 엄마   행복한 아빠   베푸는 어른

✍️ **열 글자 쓰기** 위의 사람은 어떤 사람인가요?

보기   엄마는 몸도 마음도 멋지다.   아빠는 언제나 행복하다.

✍️ **두 줄 쓰기** 나는 어떤 사람이 되고 싶은지, 그 이유는 무엇인지 써 보세요.

보기   나는 멋진 우리 엄마처럼 크고 싶다.
        엄마는 어떤 일이든 즐겁게 하는 멋진 사람이기 때문이다.

28
아낌없이 주는 나무

셀 실버스타인

"얘야, 미안하다. 이제는 너에게 줄 것이 아무것도 없구나."

"이젠 나도 필요한 게 별로 없어. 그저 편안히 앉아서 쉴 곳이나 있었으면 좋겠어."

"앉아서 쉬기에는 늙은 나무 밑동이 그만이야.

얘야, 이리 와서 앉으렴. 앉아서 쉬도록 해."

소년은 그렇게 했습니다.

그래서 나무는 행복했습니다.

세상에는 아무것도 요구하지 않는 사랑이 있습니다.

그저 그 사람이 그 자리에 있는 것만으로도 너무나 기쁘고 행복한 그런 사랑이지요.

나무에게는 소년이 그런 사람이었어요. 존재만으로도 소중한 사람이었지요.

그래서 함께 있는 것만으로도 너무나 행복했습니다.

📝 **따라 쓰기** 작품 속 황금 문장이나 표현을 따라 써 보세요.

나무는 행복했습니다.

📝 **다섯 글자 쓰기** 소년이 나무에게 어떤 말을 할까요?

보기   나무야, 고마워.   너를 사랑해.   정말 행복해.

📝 **열 글자 쓰기** 나무와 소년은 서로 어떤 마음이었을까요?

보기   나무는 소년을 사랑했다.   소년도 나무를 사랑했다.

📝 **두 줄 쓰기** 나무는 소년에게 어떻게 했나요? 그래서 둘은 어떤 마음이었을까요?

보기   나무는 소년에게 아낌없이 주었다.
       그래서 나무도 소년도 너무나 행복했다.

29

키다리 아저씨

진 웹스터

"주디, 내가 키다리 아저씨라는 걸 정말 몰랐어?"
순간 주디의 머릿속에서 번개가 쳤어요.

키다리 아저씨는 가난한 고아 주디를 몰래 도와줘요.

주디는 키가 큰 아저씨라는 것 말고는 아저씨에 대해 아는 게 없었지요.

나중에야 주디는 키다리 아저씨가 자신에게 청혼까지 했던 도련님이라는 것을 알아차려요.

이렇게 깜짝 놀랄 만한 일을 여러분도 겪어 보았을까요?

일

✍️ **따라 쓰기** 작품 속 황금 문장이나 표현을 따라 써 보세요.

머릿속에서 번개가 쳤어요.

✍️ **다섯 글자 쓰기** 나는 무엇 때문에 깜짝 놀란 적이 있나요?

보기　무서운 영화　　친구의 선물　　천둥과 번개

✍️ **열 글자 쓰기** 위의 상황에서 왜 놀랐나요?

보기　무서운 장면이 많이 나왔어.　　친구가 뜻밖의 선물을 주었어.

✍️ **두 줄 쓰기** 위의 상황에서 왜 놀랐는지, 그래서 어떻게 했는지 써 보세요.

보기　영화에서 갑자기 무서운 장면이 나왔어.
　　난 너무 놀라서 소리를 지르고 눈을 가려 버렸지.

30
보물섬

로버트 루이스 스티븐슨

"보물에 대해서 비밀을 지키겠다고 약속하세요.
누구에게도 보물에 대해서 말하면 안 돼요."
선생님은 단단히 주의를 줬습니다.

부모님 일을 도우며 지내는 소년 짐 앞에 험상궂은 얼굴의 선장이 나타납니다.
알 수 없는 두려움에 떨던 선장이 죽고 짐은 선장의 가방에서 보물섬 지도를 발견해요.
보물을 찾기 위해 흥미진진한 모험을 떠나게 된 짐!
선장이 숨겨 둔 보물을 찾기 위해서 가장 중요한 것은 꼭 비밀을 지키는 거래요.

✏️ **따라 쓰기** 작품 속 황금 문장이나 표현을 따라 써 보세요.

비밀을 지키겠다고 약속하세요.

_____

✏️ **다섯 글자 쓰기** 친구에게는 말 못하는 나의 비밀은 무엇인가요?

보기   심한 잠버릇   내 수학 점수   엉덩이의 점

_____

✏️ **열 글자 쓰기** 위의 비밀을 문장으로 써 보세요.

보기   난 잘 때 심하게 코를 곤다.   수학 점수가 우리 반 꼴찌다.

_____

✏️ **두 줄 쓰기** 나의 비밀이 무엇인지, 왜 비밀로 간직하고 있는지 써 보세요.

보기   내 비밀은 잠잘 때 심하게 코를 고는 거야.
      캠프 갈 때 짝꿍 할 친구가 없을까 봐 말할 수는 없어.

_____

31
15소년 표류기

쥘 베른

질서, 열정, 용기만 있다면 어떤 어려움이 있어도
헤어나오지 못할 상황이란 없다.

15명의 어린 소년들이 무인도에 표류하면서 온갖 모험을 해요.
무인도라는 낯설고 힘든 상황에서 때로는 다투고,
때로는 의지하고, 때로는 서로 도우면서 어려움을 헤쳐 나가지요.
여러분이 무인도에 간다면 어떨지 상상해 볼까요?

📝 **따라 쓰기** 작품 속 황금 문장이나 표현을 따라 써 보세요.

질서, 열정, 용기만 있으면 돼.

📝 **다섯 글자 쓰기** 내가 무인도에 표류한다면 어떤 마음이 필요할까요?

보기   용기, 자신감   긍정적인 마음   끈기, 지구력

📝 **열 글자 쓰기** 위의 내용을 담아 나 자신에게 말해 주세요.

보기   어떤 일이 있어도 용기를 내.   힘들어도 포기하지 말자.

📝 **두 줄 쓰기** 무인도에서 어떤 마음이 필요한지, 왜 그 마음이 필요한지 써 보세요.

보기   무인도에서는 절대 포기하지 않는 용기가 있어야 해요.
      그래야 살아남을 수 있기 때문입니다.

32

모모

미하엘 엔데

시간이 있다는 것은 어쨌든 분명한 사실이에요.

하지만 만져 볼 수는 없어요. 붙잡아 둘 수도 없고요.

혹시 향기 같은 건 아닐까요?

시간은 언제나 거기 있기 때문에 듣지 못하는 음악 같은 걸 거예요.

시간은 눈에 보이지 않고, 만질 수도 없어요. 하지만 시간이 있다는 것은
분명한 사실이에요. 모모는 시간을 훔쳐서 쌓아 두려는 시간 도둑과
맞서 싸우게 돼요. 시간처럼 만질 수도 없고, 볼 수도 없지만
우리 곁에 늘 함께 있는 것이라면 과연 어떤 것이 있을까요?

따라 쓰기 작품 속 황금 문장이나 표현을 따라 써 보세요.

시간은 언제나 거기 있어요.

다섯 글자 쓰기 눈에 보이지 않지만 내 곁에 늘 함께하는 것은 무엇인가요?

보기   행복한 추억   사랑과 믿음   공기와 물

열 글자 쓰기 위의 것을 문장으로 써 보세요.

보기   추억이 있으니 늘 행복해.   사랑과 믿음은 꼭 필요해.

두 줄 쓰기 위의 것이 있어서 나의 일상이 어떤지 두 문장으로 써 보세요.

보기   아름답고 좋은 추억이 있어서 행복할 수 있어요.
가족이나 친구와 즐겁게 이야기할 수 있지요.

33

아라비안 나이트

알리바바는 거대한 동굴을 막은 문 앞에서 외쳤습니다.

"열려라, 참깨!"

알리바바가 주문을 외치자,

동굴 문이 스르륵 열렸습니다.

《아라비안 나이트》 중 '알리바바와 40인의 도적'이라는 이야기가
있어요. 가난하지만 착한 알리바바가 도둑들의 동굴을 여는 주문을
알게 되면서 벌어지는 이야기지요.
여러분에게도 마법이 있다면 어떤 주문을 외치고 싶은가요?

따라 쓰기 작품 속 황금 문장이나 표현을 따라 써 보세요.

열려라, 참깨!

 다섯 글자 쓰기 나만의 재미있고 엉뚱한 주문을 만들어 볼까요?

보기   보여라, 정답!   열려라, 현관!   날아라, 자동차!

열 글자 쓰기 주문을 좀 더 길게 만들어 보세요.

보기   내 눈에만 보여라, 정답!   활짝 열려라, 우리 집 현관!

두 줄 쓰기 주문을 좀 더 자세히 만들어 보세요.

보기   내 눈에만 보여라, 정답!
선생님이 아시면 안 된다, 마수리!

34

제인 에어

샬럿 브론테

"소중한 사람의 곁에 있는 건 희생이 아니에요.
그건 사랑이에요."
제인은 로체스터 씨를 따뜻하게 끌어안았습니다.

고아인 제인 에어는 어려운 환경에서도 꿋꿋하고 당찬 여성으로 자라납니다.
이야기의 배경이었던 19세기의 여성은 남성이 하라는 대로 해야 하고,
하고 싶은 일을 마음껏 할 수 없었어요. 하지만 제인 에어만큼은 당당하게 살았죠.
여러분도 하고 싶은 말을 당당히 하는 편인가요?

따라 쓰기 작품 속 황금 문장이나 표현을 따라 써 보세요.

희생이 아니라 사랑이야.

다섯 글자 쓰기 나를 응원하는 말을 해 주세요.

보기   네가 최고야.   너 참 멋지다!   자랑스러워!

열 글자 쓰기 위의 내용을 좀 더 길게 말해 주세요.

보기   너는 최고로 잘하고 있어.   멋지다! 하고 싶은 거 다 해.

두 줄 쓰기 위의 내용을 두 문장으로 말해 주세요.

보기   이번에 상은 타지 못했지만 괜찮아.
        넌 지금 최고로 잘하고 있는 거야.

35

샬롯의 거미줄

엘윈 브룩스 화이트

나에게는 네가 근사한 돼지야.

바로 그게 중요한 거야. 너는 나의 가장 친한 벗이고,

나한테는 네가 놀라워.

하마터면 죽을 뻔한 돼지 윌버를 영리한 거미 샬롯이 여러 번 구해 줍니다.

거미 샬롯과 돼지 윌버의 우정은 많은 감동과 울림을 준답니다.

샬롯에게 윌버는 가장 친한 친구이자 소중한 존재이지요.

여러분에게 가장 소중하고 친한 친구는 누구인가요?

따라 쓰기 작품 속 황금 문장이나 표현을 따라 써 보세요.

나의 가장 친한 친구

다섯 글자 쓰기 나에게 가장 소중하고 친한 친구는 누구인가요?

보기 김하유   이수민   몽실이

열 글자 쓰기 위의 친구가 나에게 가장 소중하고 친한 이유는 무엇인가요?

보기 하유랑 놀면 참 재밌어요.   수민이는 언제나 씩씩해요.

두 줄 쓰기 위의 친구에게 하고 싶은 말을 써 보세요.

보기 하유야, 앞으로도 계속 친하게 지내자.
나는 너랑 놀 때가 제일 재미있어.

36

걸리버 여행기

조너선 스위프트

걸리버가 도착한 섬에는 후이늠이라는 말들이
인간처럼 생긴 야후들을 다스리고 있었다.
후이늠은 인간보다 더 지능이 뛰어나고 이성적이었다.

의사인 걸리버가 소인국, 거인국, 하늘을 떠다니는 섬,
말이 인간을 다스리는 나라까지 여행을 해요. 신비롭고 기상천외한
이 이야기에는 당시 사회에 대한 풍자가 있어 더 재미있답니다.
여러분이 여행을 마친 걸리버라면 어떤 나라를 다시 가 보고 싶은가요?

✎ **따라 쓰기** 작품 속 황금 문장이나 표현을 따라 써 보세요.

인간을 다스리는 말

✎ **다섯 글자 쓰기** 나는 어떤 신비로운 나라에 가 보고 싶은가요?

보기   거인의 나라   소인의 나라   구름 위 나라

✎ **열 글자 쓰기** 위의 나라를 좀 더 길게 말해 주세요.

보기   착한 거인들이 사는 나라   귀여운 난쟁이가 사는 나라

✎ **두 줄 쓰기** 내가 가고 싶은 나라와 가고 싶은 이유를 써 보세요.

보기   나는 거인국에 가 보고 싶습니다.
　　　거인의 어깨를 타고 어른들을 내려다보면 재미있을 것 같아요.

37
돈키호테

미겔 데 세르반테스

불가능한 꿈을 꾸는 것.
잘못을 고칠 줄 알며,
믿음을 갖고 별에 닿는 것.

자신이 진짜 기사인 '돈키호테'라고 믿는 남자가 악을 무찌르고
상상 속 둘시네아 공주를 구하기 위해 모험을 떠나요.
엉뚱하고 말도 안 되는 상상 속 모험이어서 정말 웃기고 재미있지요.
여러분도 모험을 떠난다면 어디로 가고 싶은가요?

따라 쓰기 작품 속 황금 문장이나 표현을 따라 써 보세요.

불가능한 꿈을 꾸는 것

다섯 글자 쓰기 내가 모험을 떠난다면 무엇을 위해서일까요?

보기   달나라 탐험   환경 살리기   세계 일주

열 글자 쓰기 위의 내용을 좀 더 길게 말해 주세요.

보기   달나라에 내 깃발 꽂기   사막에 나무 심고 물 주기

두 줄 쓰기 나의 모험을 좀 더 자세히 써 주세요.

보기   어린이 우주인을 뽑는다면 신청할 거예요.
       달나라 탐험도 하고 유명해지고 싶어요.

38
마지막 잎새

오 헨리

저 벽 위에 마지막 담쟁이 잎을 봐.

비바람이 불어도 조금도 움직이지 않는 게 이상하다고 생각하지 않았어?

저건 베어먼 씨의 걸작이야. 마지막 잎새가 떨어진 그날 밤에

마지막 잎새 대신 벽에 그려 놓은 거야.

병상의 존시는 담장의 담쟁이 잎이 모두 떨어지면 자신도 죽을 것이라고 생각해요.

마침내 담쟁이 잎이 한 장 남았는데, 다음날 밤 비바람이 몰아쳤어요.

하지만 그 잎은 여전히 남아 있었고, 이를 본 존시는 희망을 되찾지요.

그 이파리는 아래층 사는 원로 화가 베어먼이 그려 놓은 걸작이었답니다.

따라 쓰기 작품 속 황금 문장이나 표현을 따라 써 보세요.

마지막 잎새

 다섯 글자 쓰기 나에게 기쁨과 행복을 주는 마스코트는 무엇인가요?

보기 곰돌이 이불   토끼 인형   무지개 양말

열 글자 쓰기 나의 마스코트에 대해 문장으로 말해 보세요.

보기 곰돌이 이불은 참 포근하다.   토끼 인형이 참 폭신하다.

 두 줄 쓰기 나의 마스코트가 왜 내게 기쁨과 용기를 주나요?

보기 곰돌이 이불을 덮을 때마다 기분이 좋고 행복하다.
아기 때부터 쓰던 애착 이불이어서 그런가 보다.

39
허클베리 핀의 모험

마크 트웨인

궁지에 몰렸을 때 진실을 말한다는 건 정말 어려운 일이야.
하지만 사실을 고백하는 편이
거짓말을 하는 것보다 훨씬 나을 때가 있어.

허클베리 핀은 흑인 노예 짐과 함께 뗏목을 타고 미시시피강을 따라 내려갑니다.
그 과정에서 온갖 모험이 펼쳐지고, 둘은 신분을 넘어선 우정을 쌓지요.
거짓말이 아닌 사실을 말하는 것이 때로는 용기가 필요할 때도 있어요.
여러분에게는 거짓말과 관련한 어떤 경험이 있나요?

따라 쓰기 작품 속 황금 문장이나 표현을 따라 써 보세요.

진실을 말하려면 용기가 필요해.

 다섯 글자 쓰기 곤란하지만 사실을 말할 때 어떤 기분이 드나요?

보기   조금 떨려요.   좀 후련해요.   내가 대견해요.

 열 글자 쓰기 어떤 일로 사실과 거짓말 사이에서 고민한 적이 있나요?

보기   핸드폰 너무 많이 봤을 때   숙제 안 해 놓고 놀았을 때

 두 줄 쓰기 위의 고민으로 어떻게 되었는지 좀 더 자세히 말해 주세요.

보기
엄마가 핸드폰 그만 보라고 했는데 계속 봤어요.
안 봤다고 거짓말하려다가 솔직히 말했어요.

40
호두까기 인형

E.T.A. 호프만

"우린 크리스마스 숲에 와 있습니다."
호두까기 인형이 말했어요.

7살 어린이 마리는 크리스마스 선물로 호두까기 인형을 받아요.
한껏 들뜬 마리는 호두까기 인형과 함께 신비로운 세상에 가게 되고,
그곳에서 생쥐 대왕을 물리치는 모험이 펼쳐집니다.
신비하고 놀라운 일이 일어나는 날이 바로 크리스마스니까요.

따라 쓰기   작품 속 황금 문장이나 표현을 따라 써 보세요.

크리스마스 숲

```
(빈칸)
```

다섯 글자 쓰기   가장 기억에 남은 크리스마스는 언제였나요?

보기   여섯 살 때   1학년 때   특별히 없다.

```
(빈칸)
```

열 글자 쓰기   위의 크리스마스가 기억에 남은 이유는 무엇인가요?

보기   최고의 선물을 받았다.   이모네랑 신나게 놀았다.

```
(빈칸)
```

두 줄 쓰기   위의 크리스마스 때 무엇을 했나요?

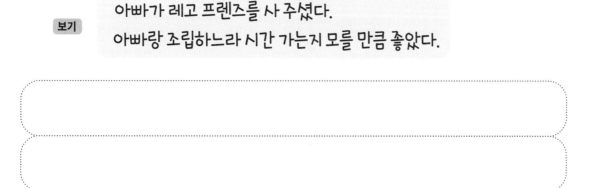

보기   아빠가 레고 프렌즈를 사 주셨다.
아빠랑 조립하느라 시간 가는지 모를 만큼 좋았다.

```
(빈칸)
```

```
(빈칸)
```

41
삼국지

일을 꾸미는 것은 사람이다.
하지만 그 일을 이루는 것은 하늘이다.

삼국지는 중국 위나라, 촉나라, 오나라 삼국의 전쟁을 다룬 이야기예요.
유비, 관우, 장비 세 사람의 우정과 정의를 위한 싸움은 많은 가르침을 주지요.
유비 편이었던 제갈공명은 다양한 전략을 세우는데, '일을 하는 것은 사람이지만,
그 일을 이루는 것은 하늘'이라는 유명한 말을 남겼습니다.

✎ **따라 쓰기** 작품 속 황금 문장이나 표현을 따라 써 보세요.

열심히 노력하면 하늘도 알아준다.

✎ **다섯 글자 쓰기** 내가 노력해서 칭찬받은 일은 무엇이었나요?

보기　역사책 읽기　　동생 돌보기　　할머니 돕기

✎ **열 글자 쓰기** 열심히 노력하고 나서 어떤 기분이 들었나요?

보기　뿌듯하고 기분이 좋았다.　　나 스스로가 참 대견했다.

✎ **두 줄 쓰기** 위의 일을 좀 더 자세히 말해 주세요.

보기　역사책 한 권을 다 읽으니까, 머리가 똑똑해지는 것 같았다.
　　　역사가 재미있어서 더 읽고 싶어졌다.

42

꿀벌 마야의 모험

발데마르 본젤스

나는 다른 꿀벌들과는 달라.

내 가슴은 기쁨과 놀라움, 여러 경험과 모험으로 채워져야 해.

나는 어떤 위험도 겁내지 않을 거야.

내게는 힘과 용기와 침이 있잖아.

꿀벌 마야는 귀뚜라미, 잠자리, 쇠똥구리 등의 곤충들을 만나며

신나는 모험을 해요. 작고 연약한 꿀벌이지만, 마야는 용감하고 씩씩합니다.

말벌에게 잡혔을 때는 이들이 꿀벌의 도시를 침략한다는 이야기를 듣고는

용감하게 탈출에 성공하지요. 꿀벌들에게 어서 소식을 알려야 하니까요.

🖊 **따라 쓰기** 작품 속 황금 문장이나 표현을 따라 써 보세요.

나는 겁내지 않을 거야.

🖊 **다섯 글자 쓰기** 내게 있는 비밀 무기는 무엇인가요?

보기   많은 친구들   용기와 끈기   재미난 유머

🖊 **열 글자 쓰기** 위의 비밀 무기를 문장으로 말해 보세요.

보기   나에게는 친구들이 많다.   나는 용감하고 끈기가 있다.

🖊 **두 줄 쓰기** 위의 장점을 비밀 무기로 꼽은 이유를 두 문장으로 써 보세요.

보기   내 친구들은 언제나 내 편이다.
         어떤 어려움이 있어도 힘이 될 것 같다.

43

오즈의 마법사

L. 프랭크 바움

노란 벽돌 길을 따라가면
오즈의 마법사를 만날 수 있단다.

미국 캔자스에 사는 도로시는 허리케인에 휩쓸려 오즈로 날아가게 됩니다.
도로시는 로봇, 사자, 허수아비와 함께 오즈의 마법사를 찾아갑니다.
집으로 돌아갈 방법을 물어보기 위해서죠.
오즈의 마법사가 과연 집으로 돌아갈 길을 알려 줄까요?

✎ **따라 쓰기** 작품 속 황금 문장이나 표현을 따라 써 보세요.

오즈의 마법사를 만나러 가자.

✎ **다섯 글자 쓰기** 오즈의 마법사는 어떻게 생겼을까요?

보기 덩치가 커요. 참 뚱뚱해요. 못생겼어요.

✎ **열 글자 쓰기** 난 오즈의 마법사에게 무엇을 물어보고 싶은가요?

보기 나중에 나는 뭐가 되나요? 유명 유튜버가 될 수 있나요?

✎ **두 줄 쓰기** 오즈의 마법사에게 꼭 부탁하고 싶은 것을 말해 보세요.

보기 나중에 크면 내가 어떤 사람이 될지 알려 주세요.
그 사람이 되려면 난 뭘 하면 되나요?

44

행복한 왕자

오스카 와일드

어느 날 신이 천사에게 말했습니다.
"저 도시에서 가장 아름다운 것 두 가지를 찾아오너라."

금과 보석으로 장식한 왕자의 동상은 도시를 한눈에 내려다봐요.

왕자는 제비 덕분에 세상에 가난한 사람들이 많다는 것을 알게 되지요.

왕자는 자신의 금과 보석을 가난한 사람을 돕는 데 쓰고 흉한 모습이 됩니다.

천사는 과연 아름다운 어떤 것을 신에게 가져갔을까요?

 **따라 쓰기** 작품 속 황금 문장이나 표현을 따라 써 보세요.

세상에서 가장 아름다운 것 두 가지

다섯 글자 쓰기 내가 세상에서 가장 아름답다고 생각하는 것은 무엇인가요?

보기   엄마의 웃음   친구와의 우정   아빠의 용돈

열 글자 쓰기 위의 것을 문장으로 말해 주세요.

보기   엄마는 웃을 때 참 아름다워.   우리 우정은 영원할 거야.

두 줄 쓰기 위에서 말한 아름다운 대상에게 말해 주세요.

보기   엄마는 웃을 때 세상에서 제일 아름다워요.
그러니까 화내지 마세요, 엄마!

45

마지막 수업

알퐁스 도데

"프랑스어의 마지막 수업…"
나로 말하자면 간신히 쓸 수 있는 정도였다.
이제 영원히 배울 수 없으려나. 이것으로 끝이란 말인가.

독일 군대가 프랑스를 점령하면서 주인공이 그렇게나 싫어하던
프랑스어 수업을 더는 못 듣게 되지요. 이제는 듣고 싶어도 들을 수 없게 되었어요.
마지막 수업이라고 생각하니, 너무나 안타까울 따름입니다.
소중한 것은 그것을 잃은 다음에야 그 가치를 절실히 깨닫기 마련이지요.

✍ **따라 쓰기** 작품 속 황금 문장이나 표현을 따라 써 보세요.

이것으로 끝인가요?

✍ **다섯 글자 쓰기** 우리말과 글을 쓸 수 없게 된다면 어떤 일이 벌어질까요?

보기   상상이 안 돼.   책을 못 읽어.   공부를 못 해.

✍ **열 글자 쓰기** 위의 상황을 좀 더 길게 써 보세요.

보기   상상도 하고 싶지 않아요.   하고 싶은 말을 할 수 없다.

✍ **두 줄 쓰기** 우리말과 글이 소중한 이유를 두 문장으로 써 보세요.

보기   우리말과 글이 있어야 하고 싶은 말을 하고 책도 읽을 수 있다.
우리말과 글이 없으면 다른 나라 말을 써야 한다.

46
80일간의 세계 일주

쥘 베른

두 사람이 함께하면 어떤 고난도 견딜만 하지요.

80일 만에 세계를 한 바퀴 돌 수 있나 없나 내기하는 것으로
이야기가 시작됩니다. 주인공 포그 씨는 세계의 대륙을 돌면서
생각지도 못한 다양한 모험을 하지요. 여러 사람들과 친구가 되기도 하고요.
여러분도 함께 세계 여행을 해 보고 싶은 사람이 있나요?

따라 쓰기 작품 속 황금 문장이나 표현을 따라 써 보세요.

함께하면 어떤 어려움도 이겨낼 거야.

 다섯 글자 쓰기 세계 여행을 함께 하고 싶은 사람은 누구인가요?

보기   엄마랑 아빠   내 친구 승민   우리 선생님

열 글자 쓰기 위의 사람과 세계 여행을 하고 싶은 이유를 말해 주세요.

보기   엄마, 아빠가 제일 좋아요.   승민이는 참 재미있어요.

두 줄 쓰기 위의 사람과 세계 여행을 하고 싶은 이유를 구체적으로 써 보세요.

보기   엄마랑 아빠랑 있으면 걱정이 없어요.
       먹고 싶은 것, 가고 싶은 곳을 다 들어주실 거예요.

47

눈의 여왕

한스 크리스티안 안데르센

게르다의 힘은 마음 깊은 곳에 있어.
착하고 순수한 마음에서 나오는 힘이지.

나쁜 마법에 걸린 카이는 눈의 여왕의 궁전에 잡혀갑니다. 단짝 친구 게르다가
카이를 찾아 헤매다가 드디어 찾았어요. 게르다가 카이를 끌어안고 눈물을 흘리자,
카이의 나쁜 마법이 풀리지요. 게르다의 착하고 순수한 마음 덕분입니다.
디즈니 애니메이션 '겨울 왕국'의 모티브가 된 이야기랍니다.

따라 쓰기 작품 속 황금 문장이나 표현을 따라 써 보세요.

착하고 순수한 마음

다섯 글자 쓰기 할 수만 있다면 나는 어떤 세상을 만들고 싶은가요?

보기   전쟁 없는 세상   정의로운 나라   학교 없는 세상

열 글자 쓰기 위의 세상을 좀 더 자세히 말해 보세요.

보기   불행한 사람이 없어야 해요.   모두 행복하면 좋겠어요.

두 줄 쓰기 내가 어떤 마음이어야 위의 세상을 만들 수 있을까요?

보기   나부터 착하고 정의로운 마음을 가져야겠다.
      그러면 세상을 바꾸는 힘이 생길 것이다.

48
플랜더스의 개

위다

가난해도 위대한 사람이 될 수 있어.
사람들이 함부로 얕잡아 보지 못하도록 말이야.

할아버지와 함께 사는 네로는 그림 그리는 걸 좋아하는 소년이에요.
네로의 곁은 사랑하는 친구이자 반려견 파트라슈가 지켜 주지요.
할아버지는 네로에게 가난하지만 큰 꿈을 가지라는 말을 들려줍니다.
여러분은 나중에 어떤 사람이 되고 싶은가요?

✎ **따라 쓰기** 작품 속 황금 문장이나 표현을 따라 써 보세요.

가난해도 위대한 사람이 될 수 있어.

✎ **다섯 글자 쓰기** 나는 나중에 어떤 사람이 되고 싶은가요?

보기   베푸는 사람   훌륭한 의사   친절한 사람

✎ **열 글자 쓰기** 내가 되고 싶은 사람을 문장으로 말해 주세요.

보기   늘 베푸는 어른이 될래요.   훌륭한 의사가 되고 싶어요.

✎ **두 줄 쓰기** 나는 어떤 사람이 되고 싶은지, 그 이유는 무엇인지 써 보세요.

보기   나는 어려운 사람에게 베푸는 어른이 되고 싶습니다.
그들에게는 도움이 필요하고, 나도 베풀면서 행복할 수 있습니다.

49

아르센 뤼팽

모리스 르블랑

아르센 뤼팽은 오른팔에 상처가 있고,
혼자 여행하고 있고, 가명은 R…
그는 위대한 도둑이지.

뤼팽은 '괴이한 도둑'이란 뜻으로 '괴도'라고도 불립니다.
어느 날 대서양을 횡단하는 커다란 배에 뤼팽이 탔다는 제보가 들어옵니다.
과연 누가 뤼팽일까요? 수수께끼의 도둑 뤼팽을 잡을 수 있을까요?
여러분이 생각하는 뤼팽의 모습은 어떠한가요?

✏️ **따라 쓰기** 작품 속 황금 문장이나 표현을 따라 써 보세요.

위대한 도둑

✏️ **다섯 글자 쓰기** 뤼팽은 어떤 모습일 것 같은가요?

> 보기   잘생긴 신사   무서운 악당   똑똑한 천재

✏️ **열 글자 쓰기** 위의 모습을 문장으로 말해 주세요.

> 보기   멋있고 잘생겼을 거예요.   우락부락 무서울 거예요.

✏️ **두 줄 쓰기** 뤼팽은 어떤 모습일 것 같은지, 왜 그렇게 생각하는지 써 보세요.

> 보기   뤼팽은 멋있고 잘생겼으며 친절할 것 같아요.
> 아무도 정체를 알면 안 되기 때문입니다.

50
사랑의 학교

E. 데 아미치스

그 선량하고 명랑한 미소를 짓는 선생님이
이제 안 계시기 때문에 예전처럼
학교생활이 즐거울 것 같지는 않습니다.

초등학교 4학년인 엔리코가 학교에서 경험한 일을 일기처럼 적고 있어요.
어렵고 가난했던 이탈리아 사람들이 소박한 희망을 찾으려는 이야기가
우리에게 감동을 주지요. 특히 사랑으로 아이들을 가르치는 선생님들,
아버지의 사랑, 아이들의 우정이 아름다운 감동으로 다가옵니다.

따라 쓰기 작품 속 황금 문장이나 표현을 따라 써 보세요.

미소 짓는 선생님

다섯 글자 쓰기 나는 나중에 어떤 분을 좋은 선생님으로 기억할까요?

보기   재미있으신 분   칭찬해 주시는 분   엄격하신 분

열 글자 쓰기 위 선생님의 어떤 모습이 좋은가요?

보기   수업 시간이 참 재미있다.   칭찬은 나를 신나게 한다.

두 줄 쓰기 지금까지 가장 좋은 기억으로 남아 있는 선생님에 대해 써 보세요.

보기   1학년 때 선생님은 재미있고 다정하셨다.
선생님 수업이 재밌어서 학교 가는 게 좋았다.

나의 독서 목록

내가 읽은 책에 O표, 읽고 싶은 책에 ✔표 해 보세요.
지금부터 즐겁게 읽고 황금 문장 찾기에 도전해 보는 거예요. 준비, 시~작!

		O ✔	읽은 날짜			O ✔	읽은 날짜
1	어린 왕자		월 일	26	나의 라임 오렌지 나무		월 일
2	파랑새		월 일	27	꽃들에게 희망을		월 일
3	욕심쟁이 거인		월 일	28	아낌없이 주는 나무		월 일
4	크리스마스 선물		월 일	29	키다리 아저씨		월 일
5	아서왕 이야기		월 일	30	보물섬		월 일
6	삼총사		월 일	31	15소년 표류기		월 일
7	정글 북		월 일	32	모모		월 일
8	지킬 박사와 하이드		월 일	33	아라비안 나이트		월 일
9	피노키오		월 일	34	제인 에어		월 일
10	하이디		월 일	35	샬롯의 거미줄		월 일
11	빨간 머리 앤		월 일	36	걸리버 여행기		월 일
12	소공녀		월 일	37	돈키호테		월 일
13	작은 아씨들		월 일	38	마지막 잎새		월 일
14	이상한 나라의 앨리스		월 일	39	허클베리 핀의 모험		월 일
15	왕자와 거지		월 일	40	호두까기 인형		월 일
16	비밀의 화원		월 일	41	삼국지		월 일
17	로빈슨 크루소		월 일	42	꿀벌 마야의 모험		월 일
18	해저 2만리		월 일	43	오즈의 마법사		월 일
19	크리스마스 캐럴		월 일	44	행복한 왕자		월 일
20	별		월 일	45	마지막 수업		월 일
21	로미오와 줄리엣		월 일	46	80일간의 세계 일주		월 일
22	햄릿		월 일	47	눈의 여왕		월 일
23	레 미제라블		월 일	48	플랜더스의 개		월 일
24	셜록 홈즈		월 일	49	아르센 뤼팽		월 일
25	로빈 후드		월 일	50	사랑의 학교		월 일